Russian Step B

Natasha Alexandrova

Anna Watt

Animal Names and Sounds in Russian
Part 1

Illustrations by Anna Alexeeva

Cover by Anna Alexeeva

www.russianstepbystepchildren.com

First Edition
Animal Names and Sounds in Russian
Russian Step By Step

All rights reserved

Copyright © 2014 by Russian Step By Step

No part of this book may be reproduced or transmitted in any form or by any means, electronic or mechanical, including photocopying, recording, or by any information storage and retrieval system, without written permission from the publisher.

ISBN-13:   978-1495985034

ISBN-10:   1495985032

Printed in the United States of America

Русский шаг за шагом

Наташа Александрова

Анна Вотт

**Кто как говорит
Часть 1**

Иллюстрации Анны Алексеевой

Обложка Анны Алексеевой

www.russianstepbystepchildren.com

Дорогие взрослые!

Наша обучающая книга «Кто как говорит» рассчитана на детей, которые начинают говорить по-русски как в одноязычной, так и двуязычной среде. Это пособие состоит из двух частей.

Первая часть – это книга, которую вы будете использовать много раз. Малыш расширяет свой словарный запас постепенно. Вы будете возвращаться к этой книге с ребёнком, и каждый раз он будет открывать для себя новые слова и фразы. Не пытайтесь научить ребёнка всему, что позволяет каждая картинка. Раскрывайте более сложные элементы постепенно, шаг за шагом.

Вторая часть – это раскраска, в которой ребёнок будет раскрашивать детёнышей животных и закреплять пройденный материал.

Как работать с частью 1

Новые слова

На каждой картинке есть названия мамы, папы, их детёныша и звуки, которые они издают. Здесь представлены наиболее употребляемые названия и звуки, но это только начало.

После того, как ребёнок выучил уже написанные слова, вы можете представить другие варианты. Например: свинья, хрюшка, свинка; куд-куда, ко-ко-ко, ку-ка-ре-ку.

Также учим новые слова, описывая картинки.
Части тела: грива, пятачок, хвост, копыта и т.д.
Цвета: У петушка красный гребешок. У пуделя шёрстка серая.

Обязательно задаём вопросы, проверяя, как ребёнок запомнил новые слова.
- Что это?
- Это кисточка хвоста.
- Какого цвета перья на хвосте у петуха?
- У него разноцветный хвост. На хвосте красные, синие, зелёные пёрышки.

Счёт и цвета

Закрепляем счёт и цвета. Когда мы повторяем счёт и цвета (а те малыши, которые ещё их не знают, здесь их запоминают), мы одновременно учим окончания: одна серая индюшка, две оранжевые тыквы.

Опять задаём вопросы.
- Сколько шляп на картинке?
- На картинке две шляпы.
- Какого цвета шляпы у индюка и у индюшки?
- У индюшки синяя шляпа, а у индюка зелёная.

Для дополнительных заданий и информации о работе с этой книгой, мы предлагаем вам посетить наш сайт: **russianstepbystepchildren.com** .

Dear adults,

Our educational book, Who Says What: Animal Names and Sounds in Russian, is for the children who are beginning to speak Russian: whether as a native language, as a second language or in a bilingual environment. It consists of two parts.

Part 1 is a book that can be used over and over again. Children expand their vocabulary gradually, so every time you return to this book with the children, they will discover more and more new words and phrases. Do not try to teach the child everything possible to present on one page. Add the elements step-by-step, as they gradually become more complex.

The second part is a coloring book that in addition to coloring allows the children to reinforce the information you have covered in Part 1.

How to Work with Part 1

New Words

Each page presents the names of the mother, father and baby animal, and the sounds they make in Russian. We chose the most widely used names and sounds, but just use them as stepping stones to introducing more later. For example, once the child is comfortable with the names and sounds presented on the page, you can introduce new words through the description of the pictures.

Body Parts: грива (mane), пятачок (snout), хвост (tale), копыта (hooves) etc.
Colors: У петушка красный гребешок. (The rooster has a red crest.)
У пуделя шёрстка серая. (The poodle's fur is grey.)

It is important to ask questions, and to check the child's understanding, as well as the recollection of the new words.
- Что это? (What is this?)
- Это кисточка хвоста. (This is the tip of the tale)
- Какого цвета перья на хвосте у петуха? (What color are the feathers on the rooster's tale?)
- У него разноцветный хвост. (His tale is multicolored.)

Counting and Colors

We reinforce counting and colors. When we go over counting and colors (or learn them for the first time), we are also teaching the correct endings: серая индюшка (grey turkey), две оранжевые тыквы (two orange pumkins).

Be sure to ask questions again.
- Сколько шляп на картинке? (How many hats are there in the picture?)
- На картинке две шляпы. (There are two hats in the picture.)
- Какого цвета шляпы у индюка и у индюшки? (What colors are the hats of father and mother turkeys?)
- У индюшки синяя шляпа, а у индюка зелёная. (The mother turkey has a blue hat and the father turkey has a green one.)

For additional activities and information about how to work with this book, please visit our website **russianstepbystepchildren.com** .

Домашние животные

Пёс   Щенок   Собака

Собака лает:
Гав-гав!

Кот   Котёнок   Кошка

Кошка мяукает:
Мяу-мяу!

Корова   Телёнок   Бык

Корова мычит:
Му-му!

Лошадь　　Жеребёнок　　Конь

Лошадь ржёт:
Иго-го!

Петух   Цыплёнок   Курица

Курица кудахчет:
Куд-куда!

Кабан　　Поросёнок　　Свинья

Свинья хрюкает:
Хрю-хрю!

Утка Утёнок Селезень

Утка крякает:
Кря-кря!

Индюшка   Индюшонок   Индюк

Индюк кулдыкает:
Кулды-кулды!

Овца   Ягнёнок   Баран

Овца блеет:
Бее-бее!

Коза   Козлёнок   Козёл

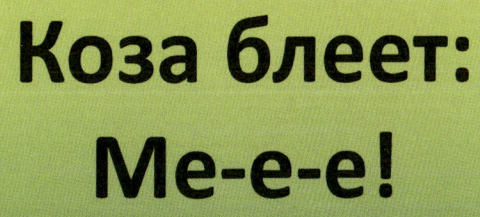

Коза блеет:
Ме-е-е!

Дикие животные

Мама Белка   Бельчонок   Папа Белка

Белка цокает:
Цок-цок!

Мама Мышонок Папа
Мышь Мышь

Мышка пищит:
Пи-пи!

Филин Совёнок Сова

Сова ухает:
Ух-ух!

Тигрица   Тигрёнок   Тигр

Тигр рычит:
Р-р-р!

Мама　　Лягушонок　　Папа
Лягушка　　　　　　　Лягушка

Лягушка квакает:
Ква-ква!

Воробьиха   Воробушек   Воробей

Воробей чирикает:
Чик-чирик!

Волк   Волчонок   Волчица

Волк воет:
У-у-у-у!

Ежиха   Ежонок   Ёж

Ёж фыркает:
Фыр-фыр!

Хомяк   Хомячонок   Хомячиха

Хомяк фыркает: Фыр-фыр!

Зайчиха   Зайчонок   Заяц

Заяц фыркает: Фыр-фыр!

Anna Alexeeva is a freelance artist living in the East Bay, California since 2010. She was born in Minsk, Belarus.

Anna's main focus is graphic design and illustration, but she also has a passion for fine arts. She loves to experiment with everything that can bring her ideas to life, from digital pen to oil.

Anna loves to study the world around and look at things from different perspectives, finding something special in everyday life and enjoying simple things. In her free time Anna likes to read and to spend time with her family. Her hobbies also include painting, yoga, camping and snowboarding.

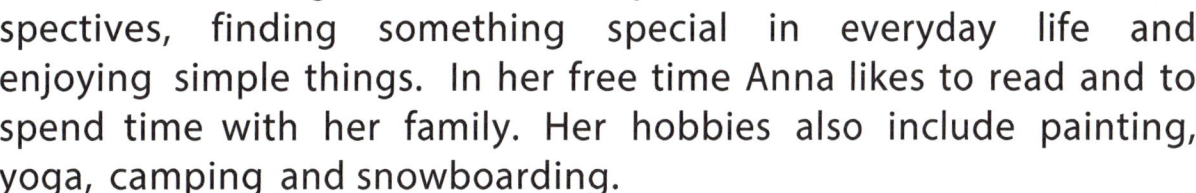

Russian Step By Step learning system is designed by an experienced teacher and language course developers to introduce a step-by-step approach to learning Russian. Our goal is to provide the learners of Russian with clear and simple explanations and lots of practice.

For a complete list of titles, prices, more information about our company and learning materials, please, visit our website at **russianstepbystepchildren.com.**

If you are teaching Russian using our materials, please contact us regarding a complimentary training at **info@russianstepbystepchildren.com**

Available Titles

Children's Series:

1. Azbuka 1: **Coloring Russian Alhpabet:** Азбука- раскраска (Step 1)
2. Azbuka 2: **Playing with Russian Letters:** Занимательная азбука (Step 2)
3. Azbuka 3: **Beginning with Syllables:** Мои первые слоги (Step 3)
4. **Animal Names and Sounds:** Кто как говорит (Part 1 and Part 2)

Adult Learner's Series:

1. **Reading Russian Workbook**: Total Beginner (Book & Audio)
2. **Beginner** Level 1 (Book & Audio)
3. **Low Intermediate** Level 2 (Book & Audio)
4. **Intermediate** Level 3 (Book & Audio)
5. Russian Handwriting 1: **Propisi 1**
6. Russian Handwriting 2: **Propisi 2**
7. Russian Handwriting 3: **Propisi 3**
8. **Verbs of Motion**: Workbook 1
9. **Verbs of Motion**: Workbook 2

You can also follow us on Facebook www.facebook.com/RussianStepByStep

Made in the USA
Lexington, KY
16 February 2016